Datenschutz kompakt

„Freiheit und Selbstbestimmung in der digitalen Welt hängen ganz entscheidend davon ab, dass wir die Souveränität über unsere persönlichen Daten behalten."
Heiko Maas

Thomas Scharler

Datenschutz kompakt

**DSGVO für Websitebetreiber
inkl. Checklisten**

Bibliografische Information der Deutschen Nationalbibliothek:
Die Deutsche Nationalbibliothek verzeichnet diese Publikation in der Deutschen Nationalbibliografie detaillierte bibliografische Daten sind im Internet über http://dnb.dnb.de abrufbar.

Herstellung und Verlag:
BoD – Books on Demand, Norderstedt

ISBN: 978-3-7481-9169-8

Inhalt

1. Datenschutz, Datensicherheit & DSGVO

Die Datenschutz-Grundverordnung (DSGVO) betrifft uns alle. Egal ob Sie Blogger, Website-betreiber, Shopbesitzer oder ein Unternehmen sind.[1] Es ist egal ob Sie online oder offline arbeiten. Es ist wichtig, dass Sie sich mit diesem Thema auseinandersetzen.

In Foren oder Social Medias hört man immer wieder „Ich habe keine Zeit für die DSGVO", „Ich werde gar nichts machen", „Ich warte einfach mal ab".

Als Unternehmer ist es grob fahrlässig einfach abzuwarten und zu schauen was passiert. Vor allem sind die meisten in der DSGVO geregelten Themen nicht neu und bereits seit Jahren in Kraft. So gab es zum Beispiel in Österreich bereits durch die DSG2000 die Pflicht zur Führung eines Verarbeitungsverzeichnisses.

Eine weitere, wichtige Information:
„Bei diesem Buch handelt es sich um keine Rechtsberatung. Sollten Sie etwaige Fragen haben wenden Sie sich bitte an unsere Agentur, einen Datenschutzbeauftragten oder fach-

---

[1] Für die einfachere Lesbarkeit wird auf das Gendern verzichtet, wobei mit dem Buch natürlich sämtliche Geschlechter angesprochen werden.

kundigen Anwalt in Ihrer Nähe. Dieser kann Ihnen professionelle, individuelle Beratung bieten."

Jeder der im Onlinemarketing tätig oder generell im Internet aktiv ist und dadurch Daten sammelt, oder sogar verarbeitet, egal in welcher Form, sollte von der DSGVO nicht nur gehört, sondern sich auch mit dieser beschäftigt haben. Das ist deshalb wichtig, da der gesamte Onlinemarkt mittlerweile von „Datenschutz, Datensicherheit & DSGVO" abhängig ist.

Zunächst die Frage was der Unterschied zwischen Datenschutz und -sicherheit ist. Hier der Versuch sie möglichst einfach zu erklären:

- **Datenschutz** handelt darüber, die Privatsphäre eines jeden Einzelnen zu schützen. Datenschutz gewährt jedem Bürger das Recht auf Selbstbestimmung in Bezug auf seine Informationen und schützt ihn vor Missbrauch seiner Daten. Für die Verwendung von persönlichen Daten gibt es Richtlinien, die entweder in der DSGVO oder den jeweiligen Datenschutzgesetzen der einzelnen Länder geregelt sind.
- **Personenbezogene Daten** sind gem. Art. 4 Z 1 DSGVO „Angaben, die bei Zuordnung zu einer natürlichen Person Einblicke er-

möglichen in deren physische, physiologische, genetische, psychische, wirtschaftliche, kulturelle oder soziale Identität." Also kurz gesagt alle Daten, die Rückschluss auf eine konkrete Person geben können.

- **Datensicherheit** behandelt Sicherheitsrisiken und den Schutz der Daten vor Manipulation, Verlust oder unerlaubten Zugriff. Hier geht es also nicht darum ob Daten gesammelt und verarbeitet werden (das ist Thema des Datenschutzes), sondern welche Maßnahmen zu ergreifen sind, um die Daten zu schützen. Die Datensicherheit muss gem. Art. 25 u. 32 DSGVO gewährleistet werden, wobei nicht nur technische, sondern auch organisatorische Maßnahmen zu ergreifen sind.

Das bedeutet demnach, dass Sie für den Datenschutz personenbezogener Daten sowie deren Sicherheit verantwortlich sind. Sie müssen also sicherstellen, dass die Daten – insbesondere die personenbezogenen – von Ihren Besuchern und Kunden geschützt sind.

Besonders wichtig ist dies, wenn Sie E-Mail-Adressen sammeln, oder Trackingtools wie Google Analytics, Matomo usw. benutzen. Hier sollten Sie sicherstellen, dass die von Ihnen verwendeten Tools und Prozesse DSGVO-konform sind. Dies bedeutet, dass Sie zum Beispiel einen Vertrag mit Google Analytics schließen und eine Kopie davon an Google Ireland Ltd. schicken müssen.

Außerdem sollten Sie die Einstellungen Ihrer Website so konfigurieren, dass die IP-Adresse Ihrer Websitebesucher anonymisiert werden. In Google Analytics brauchen Sie dafür ganz einfach nur die Option „IP anonymisieren" aktivieren. Natürlich muss die Maßnahme auch bei anderen Trackingtools getroffen werden.

Vergessen Sie auch nicht die Social-Media-Buttons Ihrer Website, diese dürfen nur dann eine Verbindung herstellen, wenn der User aktiv auf den Knopf drückt. Ein permanentes Tracking ist nicht erlaubt.

Seit 25. Mai 2018 ist die DSGVO mittlerweile voll in Kraft und jeder hat sie zu befolgen. Dabei ist es egal, ob Sie in der EU leben oder in der EU einen Service anbieten, der Daten von EU-Bürgern verwendet. Bei Nichtbefolgung der DSGVO können Strafen von bis zu 4% des weltweiten Konzernumsatzes oder bis zu 20 Millionen Euro festgesetzt werden!

Sollten Sie E-Mail-Adressen sammeln, wie zum Beispiel bei einem Newsletter, dann müssen Sie selbstverständlich das Double-Opt-In-Verfahren verwenden. Das bedeutet, wenn sich jemand in Ihren Newsletter einträgt müssen diese zunächst ihre E-Mail-Adresse bestätigen und das aktiv, also zB indem sie diese eigenständig eintippen. Der User loggt sich damit mit seinen Daten in Ihren Newsletter ein und bekommt anschließend eine Bestätigungsmail mit einem Bestätigungslink darin, den er anklicken muss.

Nur wenn User diesen Link bestätigten ist dieser ein bestätigter User und Sie können ihm Ihren Newsletter senden. Ansonsten ist ein Newsletterversand nicht gestattet und Sie können dafür belangt werden. Dies gilt nicht erst seit der Einführung der DSGVO, sondern bereits davor durch die länderspezifischen Datenschutzgesetze, wie in Österreich das DSG2000.

Außerdem ist es seit der DSGVO auch wichtig dem Nutzer mitzuteilen welche Daten Sie sammeln, wie Sie diese sammeln und auch wie Sie diese nutzen. All dies gehört in die Unterseite „Datenschutz" geschrieben. Hier sollten die User die Möglichkeit erhalten weitere Informationen zum Datenschutz zu erhalten. Diese Seite ist neben dem Impressum die wohl wichtigste Ihrer Website. Sie sollten diese beiden Seiten getrennt anführen und nicht vermischen. Das Impressum enthält Ihren Namen und Anschrift, E-Mail-Adresse und Telefonnummer, unter der Sie erreicht werden können.

Weiters ist im Impressum Ihre UID-Nummer anzugeben, sofern Sie umsatzsteuerpflichtig sind. Aber sehen wir uns jetzt die Datenschutzseite näher an. Sollten Sie Social Medias wie Facebook, Twitter, etc. nutzen müssen diese auch in der Datenschutzseite angeführt werden. Dasselbe gilt auch dafür, wenn Sie zB an Amazons Affiliateprogramm teilnehmen.

E-Recht24 bietet einen guten und kostenlosen Generator an für das Impressum und die Datenschutzerklärung. Dieser ersetzt natürlich keinesfalls eine individuelle Erklärung, die durch einen professionellen Consultant erstellt wurde, ist aber für eine schnelle und kostenlose Umsetzung der DSGVO äußerst nützlich.

Sollten Sie Userdaten sammeln – was Sie in der Regel immer schon machen, sobald jemand nur Ihre Website besucht (IP-Adresse) – müssen Sie auch ein Verarbeitungsverzeichnis erstellen. Dieses Dokument listet auf welche Daten Sie sammeln, wie sie verwendet werden, wer Zugriff darauf hat und ob die Daten den EU-Raum verlassen.

Zusätzlich muss darin aufgeführt sein wie lange die Daten gespeichert bleiben und wann sie gelöscht werden, also die sogenannte Löschfrist. Informationen über die technischen und organisatorischen (Datensicherheits-) Maßnahmen (kurz: TOM) müssen ebenfalls angegeben sein. Hier ist es zum Beispiel nötig zu wissen ob Sie die Daten verschlüsseln oder ob Sie interessierte Parteien, Kunden oder Partner schriftlich oder telefonisch über die Datensammlung und -nutzung informieren.

Wenn jemand Ihre Website aufruft sollte der User über die Verwendung von Cookies informiert werden und er sollte die Möglichkeit haben dieser zuzustimmen, abzulehnen oder weitere Informationen zu lesen. Für die weiteren Informationen reicht es für gewöhnlich, wenn Sie auf Ihre Datenschutzerklärung verlinken.

Gemäß Art. 30 DSGVO muss ein Verarbeitungsverzeichnis des Verantwortlichen mindestens folgende Bestandteile enthalten:

- Name und die Kontaktdaten des Verantwortlichen und ggf. des gemeinsam mit ihm Verantwortlichen, des Vertreters des Verantwortlichen sowie eines etwaigen Datenschutzbeauftragten,
- die Zwecke der Verarbeitung,
- eine Beschreibung der Kategorien betroffener Personen und der Kategorien personenbezogener Daten,
- die Kategorien von Empfängern, gegenüber denen die personenbezogenen Daten offengelegt worden sind oder noch offengelegt werden, einschließlich Empfänger in Drittländern oder internationale Organisationen,

- ggf. Übermittlungen von personenbezogenen Daten an ein Drittland oder eine internationale Organisation, einschließlich der Angabe des betreffenden Drittlands oder der betreffenden internationalen Organisation,
- wenn möglich, die vorgesehenen Fristen für die Löschung der verschiedenen Datenkategorien,
- wenn möglich, eine allgemeine Beschreibung der technischen und organisatorischen Maßnahmen gem. Art. 32 Abs. 1 DSGVO.

Eine verantwortliche Person muss bestimmt werden, welche bei einer Anfrage durch die Behörden verfügbar ist. In der Regel ist es der Geschäftsführer, der Besitzer oder Betreiber einer Website oder eines Services. Für Privatunternehmen, die mehr als 250 Mitarbeiter haben ist ein Datenschutzbeauftragter notwendig.

Bitte beachten Sie, dass Ihr Angebot (Website, Service, etc.) bereits so aufgebaut und designt sein sollte, dass sie mit der DSGVO konform geht, Stichwort „privacy by default" und „privacy by design". Sollten Ihnen die in diesem Buch vermittelten Informationen zu wenig sein, oder Sie sich näher mit der DSGVO auseinandersetzen wollen empfehle ich Ihnen direkt auf die offizielle DSGVO-Website der EU (www.eugdpr.org) zu gehen.

Überprüfen Sie Ihre Website auf ungewollte Tracking- oder Spyingmethoden und prüfen Sie Ihre Plugins, ob diese aufgrund von ungewolltem Tracking nicht durch die DSGVO verboten sind. Eine entsprechende Checkliste finden Sie im nächsten Kapitel.

Dies war bloß ein kurzer Überblick über die Themen Datenschutz, Datensicherheit und DSGVO. Es sind sehr komplexe Themen, die professionelle und individuelle Beratung eines Experten benötigen. Dieser kann Sie bei der Analyse Ihrer Seite und bei der Implementierung der DSGVO unterstützen. Bis jetzt haben wir uns eine grobe Übersicht über die wichtigsten Themen geschaffen, damit Sie wissen worum es geht und sich nicht von all den Berichten und Erzählungen durch Bekannte, in Foren oder dergleichen einschüchtern lassen.

Nach diesem Kapitel werden Sie vermutlich etwas verwirrt sein, da es doch etliche Punkte sind, die Sie implementieren und beachten müssen. Für den Anfang reichen jedoch ein paar wenige Dinge, um die wichtigsten Anforderungen der DSGVO zu erfüllen und Ihre Seite auf Anhieb konform umzusetzen.

Sie brauchen also nicht bestehende Dokumentationen ändern oder aufzurollen. Für viele Maßnahmen gibt es Programme und Tools, teilweise sogar kostenlos, welche Ihnen die Implementierung um ein Vielfaches erleichtern. Lassen Sie sich nicht von der DSGVO abschrecken und verfolgen Sie Ihre Idee und Ihr Projekt weiter!

In den nächsten Kapiteln splitten wir das Thema in mehrere kleine Bereiche, um es einfacher und verständlicher zu gestalten.

2. DSGVO-Checklisten

Diese Liste soll Ihnen dabei helfen einen Überblick über die verschiedenen To-Dos zu behalten, sodass Sie Ihre Website DSGVO-konform erstellen und gestalten können.

DSGVO und Hosting

Haben Sie mit Ihrem Webhostingprovider bereits einen Auftragsdatenverarbeitungs-vertrag (ADVV) abgeschlossen?	
Nutzt Ihre Seite ein Content Delivery Network (CDN)?	
Wenn ja, ist der Server in der EU?	
Wenn ja, haben Sie mit dem Provider einen ADVV abgeschlossen? (sofern Ihre Daten nicht ohnehin nur auf dem Server Ihres Hosters gespeichert sind)	
Wenn nein, bestätigt Ihnen der Provider die Konformität mit der DSGVO und dem EU-US Privacy Shield? (vgl. Art. 44 DSG-VO)	

Encoding/Verschlüsselung

Hat Ihre Website ein SSL-Zertifikat?	
Ist das SSL-Zertifikat gültig?	
Habe Sie Maßnahmen gegen unerlaubten Zugriff durch Hacker oder Dritte ergriffen?	

DSGVO Trackingtools

Verwenden Sie ein Trackingtool, wenn ja welches? Zum Beispiel Piwik, Matomo,	

Google Analytics, Wordpress.com Statistiken etc.?	
Haben Sie die IP-Adressenverwertung anonymisiert? (zB bei Google Analytics, Piwik/Matomo)	
Sind die Daten auf Ihrem Server gespeichert? Oder auf dem Server eines Dritten?	
Wenn bei einem Dritten: sind die Daten innerhalb der EU gespeichert?	
Haben Sie einen ADVV abgeschlossen?	
Wenn die Daten außerhalb der EU gespeichert sind: haben Sie vlt. eine Möglichkeit dies zu ändern?	
Wenn nein, hält der Provider die DSGVO und die EU-US Privacy Shield Richtlinien ein und hat Ihnen eine Bestätigung darüber gesendet? (vgl. Art. 44 DSGVO)	

Formulare

Sind auf Ihrer Website Formulare integriert, die personenbezogene Daten übermitteln? (ohne ein HTTPS können Sie solche Formulare nicht einbauen)	
Wenn ja, haben Sie einen Hinweis über die Verwendung der Daten? (darunter, darüber, daneben, in Kurzform im Formular, etc.)	
Gibt es einen Verweis auf Ihre Datenschutzerklärung?	

Newsletter

Wird ein Newsletter-Plugin oder -Service genutzt?	
Ist sichergestellt, dass die User-Anmeldung mittels Double-Opt-In-Verfahren erfolgt? (Double-Opt-In = Eintragung in den Newsletter und Bestätigungsmail mit Aktivierungslink)	
Gibt es einen Hinweis auf die Verwendung der Daten?	
Sammeln Sie alle E-Mail-Adresse von Ihrer Seite gebündelt an einem Ort?	
Wenn ja, haben Sie den User darauf hingewiesen, dass er auch andere Informationen und, falls zutreffend, Angebote erhält bei Eintragung in den Newsletter?	
Wenn Sie ein Plugin verwenden: sind die Daten direkt auf Ihrem Server gespeichert?	
Wenn Sie einen Serviceprovider nutzen: ist dieser in der EU?	
Wenn ja, haben Sie einen ADVV mit dem Provider abgeschlossen?	
Wenn nein, haben Sie eine Bestätigung, dass der Provider sich an die DSGVO und EU-US Privacy Shield Richtlinien hält? (vgl. Art. 44 DSGVO)	

Plugins, Widgets, Algorithmen, etc.

Benutzen Sie auf Ihrer Website Plugins, Widgets, Iframes, Skripte oder andere Interfaces?	

Speichern Sie diese personenbezogenen Daten?	
Wenn ja, direkt auf Ihrem Server?	
Oder bei einem Dritten? (vgl. Folgefragen zu ADVV & co oben)	
Für welchen Zweck werden diese Daten gespeichert?	
Werden nur die benötigten Daten, oder möglicherweise zu viele Daten, gespeichert?	

Mitgliedschaft

Nutzen Sie eine Mitgliedschaftsfunktion oder -service?	
Sind die Daten direkt auf Ihrem Server gespeichert?	
Wenn ja, ist der Server in der EU?	
Haben Sie mit dem Provider einen ADVV abgeschlossen?	
Wenn der Server außerhalb der EU ist, haben Sie die Bestätigung des Providers, dass er sich an die DSGVO und EU-US Privacy Shield Richtlinien hält?	

Beachten Sie: Mitgliedschaftsfunktionen, Newsletter, Social Media und Formularplugins speichern immer personenbezogene Daten. Jedoch gibt es unzählige weitere Tools, die solche Daten speichern können. Sobald Name, Adresse oder E-Mail irgendwo eingetragen werden kann muss das jeweilige Feature auf DSGVO-Konformität hin geprüft werden.

Am besten lesen Sie in den entsprechenden Dokumenten des Providers oder Plugins nach, welche Daten übermittelt werden und wo diese hingehen. Idealerweise haben die meisten Anbieter bereits von der DSGVO gehört und ihre Leistungen und Unterlagen entsprechend angepasst. Allerdings werden Sie immer wieder welche finden die noch nicht DSGVO-konform sind und entsprechend innerhalb der EU nicht zum Einsatz kommen sollten. Es hilft also nur selbst rauszufinden welche Tools Daten sammeln und übermitteln. Wir haben Ihnen hier beispielhaft ein paar Methoden zusammengefasst:

- Wenn Sie Chrome oder Firefox verwenden: Klicken Sie auf das „i" oder Schlosssymbol neben der URL in der Adressleiste. Ein neues Fenster öffnet sich und sie sehen die relevanten Daten bzw. müssen hierfür je nach Version auf „weitere Informationen" klicken.
- Verwenden Sie die Website „builtwith.com".
- Verwenden Sie das Browserplugin „Ghostery".

Onlineshops
Onlineshops können sehr unterschiedlich aufgebaut sein, was es schwer macht hier pauschale Antworten zu geben. Besonders durch die Zahlungsvorgänge, wie zB Kreditkarten,

ist es ein sehr kritisches DSGVO-Thema. Grundsätzlich sind zumindest folgende Punkte zu berücksichtigen:

Hosten Sie Ihren Shop selbst?	
Wenn nein, ist der Serviceprovider innerhalb der EU?	
Wenn ja, haben Sie einen ADVV abgeschlossen?	
Wenn nein, hat Ihnen der Provider bestätigt, dass er die DSGVO und die EU-US Privacy Shield Richtlinien einhält?	
Nutzen Sie externe Zahlungsanbieter?	
Wenn ja, haben Sie in Ihrer Datenschutzerklärung aufgeführt welche Daten gesammelt und wohin diese gesendet werden?	
Haben Sie auch mit diesem Anbieter einen ADVV abgeschlossen bzw. die Bestätigung über die Einhaltung der DSGVO erhalten?	
Wird ein System zur Sendungsnachverfolgung verwendet?	
Basiert dieses auf der angegebenen E-Mail oder Telefonnummer?	
Haben Sie dies in Ihrer Datenschutzerklärung angeführt?	
Haben Sie auch hier einen ADVV abgeschlossen bzw. die Bestätigung über die Einhaltung der DSGVO erhalten?	
Muss sich der User registrieren, um die Bestellung abschließen zu können?	
Wenn ja, ist dies auch ordnungsgemäß	

kommuniziert?	
Haben Sie dies auch in Ihrer Datenschutzerklärung angeführt?	
Haben Sie ein sicheres Passwort für den Zugriff auf das Shop-Backend? (mindestens 10 Zeichen, Groß- und Kleinbuchstaben, Zahlen, Sonderzeichen)	
Haben Sie ein sicheres Passwort für die Datenbank?	
Sind auch alle anderen im Shopsystem verwendeten Passwörter sicher?	
Ist die Verbindung verschlüsselt? (ohne SSL ist kein Shop möglich)	
Ist die IT rund um den Shop (Webserver, Website, Netzwerk, Datenbank, Interfaces, etc.) ordentlich geschützt? Hier wird es notwendig sein den Schutz und Sicherung durch einen IT-Experten durchführen zu lassen.	
Führen Sie eine Liste mit allen Interfaces und externen Serviceprovidern und prüfen Sie, ob Sie mit jedem einzelnen einen ADVV abgeschlossen bzw. die Bestätigung über die Einhaltung der DSGVO haben.	

Marketing

Auch das Thema Marketing ist hier knifflig. Der Grund hierfür ist, dass Sie nicht wissen welche Interfaces und Systeme im Hintergrund noch verbunden sind und was dahinter passiert. Deshalb ist es sehr wichtig, dass Sie Ihre eigene Website prüfen. Also welche Interfaces, Marketingtools und -softwares verbunden sind und was diese machen.

Benutzen Sie Google Analytics oder ähnliches?	
Wenn ja, haben Sie das in Ihrer Datenschutzerklärung stehen?	
Benutzen Sie DoubleClick?	
Wenn ja, haben Sie das in Ihrer Datenschutzerklärung stehen?	
Benutzen Sie Google AdSense oder ähnliches?	
Wenn ja, haben Sie das in Ihrer Datenschutzerklärung stehen?	
Benutzen Sie Facebook Pixel oder ähnliches?	
Wenn ja, haben Sie das in Ihrer Datenschutzerklärung stehen?	
Haben Sie eine integrierte Möglichkeit, die es dem User erlaubt das Tracking abzulehnen?	
Grundsätzlich ist das Thema „Tracking und Marketing" sehr sensibel. Auch wenn es nicht wünschenswert ist wäre es dennoch besser eine Opt-Out-Möglichkeit zu implementieren. Dies ermöglicht dem User das einfache Ablehnen von Tracking.	
Besonders mit der Option zum Remarketing / Retargeting empfiehlt es sich eine Opt-In-Methode zu implementieren. Hier muss der User dann explizit dem Tracking zustimmen. Oder wenn er den Facebook-	

Like-Button anklickt und seine Daten dann entsprechend verwendet werden.	

Social Media (Plugins)

Nutzen Sie ein Social Media Plugin?	
Ist dies in Ihrer Datenschutzerklärung erwähnt?	
Wenn Sie ein Plugin nutzen, ist es sichergestellt, dass keine personenbezogenen Daten übermittelt werden ehe der User die Möglichkeit hatte das Tracking abzulehnen? (Trifft auf die gängigen Sharingbuttons zu)	
Können Sie alternative Plugins verwenden, wie zB Shariff Plugin für WordPress?	
Nutzen Sie Affiliatetheme.io? Dann sind für gewöhnlich sämtliche Social Media Plugins DSGVO-konform (es sind bloß Links).	
Haben Sie auf Ihren Social Media Seiten ein Impressum oder wenigstens einen Link zu Ihrem Impressum?	

3. Auftragsdatenverarbeitungsvertrag (ADVV)

3.1 Was ist ein ADVV?

Der Terminus „einen ADVV abschließen" wurde nun bereits des Öfteren verwendet. Der Vollständigkeit halber möchte ich kurz erklären, worum es sich hierbei handelt. Wenn Sie mit einem Dienstleister, wie einen Webhoster, Provider o.ä., zusammenarbeiten, dann verarbeitet dieser die personenbezogenen Daten Ihrer Kunden/User. Um die Sicherheit und den Schutz der Daten dieser User zu gewährleisten muss ein Vertrag geschlossen werden. Der Dienstleister verarbeitet somit die Daten in Ihrem Auftrag, daher auch der Name Auftragsdatenverarbeitungsvertrag, oder kurz ADVV. Ohne diesen Vertrag gäbe es keine Rechtsgrundlage auf der Sie die Daten Ihrer User an einen Dritten (Ihren Dienstleister) übermitteln dürfen.

3.2 Wer braucht einen ADVV?

Jeder, der personenbezogene Daten verarbeitet. Das bedeutet, wenn Sie einen Serviceprovider, oder Leistungen eines Externen beauftragen, oder wenn die Daten Ihrer User nicht auf Ihrem eigenen Server gespeichert sind, dann ist ein ADVV notwendig. In vielen Firmen werden eine Unmenge an Daten verarbeitet und an externe Provider weitergeleitet, manchmal sogar ohne dass sie sich dessen bewusst sind. Darum ist es wichtig die Datenübermittlung zu prüfen und zu hinterfragen, ob die Daten überhaupt bzw. in solchen Details an den Provider übermittelt werden müssen.

So oder so benötigen Sie jedenfalls einen ADVV. Am Wichtigsten hierbei ist, dass Sie mit jedem Dienstleister und Partner innerhalb der EU, der Daten von Ihnen erhält, einen ADVV abgeschlossen haben. Sollte dieser außerhalb der EU sein genügt kein ADVV, da die DSGVO nur innerhalb der EU rechtskräftig ist. Er muss demnach bestätigen, dass er als Nicht-EU-Unternehmer sich dennoch an die DSGVO hält, ansonsten ist es verboten Daten an diesen zu übermitteln.

4. Datenschutzerklärung

4.1 Was ist eine Datenschutzerklärung?

Auch dieser Begriff taucht in den Checklisten öfters auf. Eine Datenschutzerklärung beschreibt die Maßnahmen, die Sie treffen um die Daten Ihrer Kunden, Angestellten oder User zu schützen. Eine Datenschutzerklärung ist zusammen mit dem Impressum gesetzlich verpflichten für Ihre Website. Die Erklärung kann durch einen Rechtsanwalt oder eine spezialisierte Unternehmensberatung, wie wir es sind, erstellt werden. Für eine grobe, eher allgemein gehaltene Datenschutzerklärung können auch Generatoren aus dem Internet benutzt werden. Hierbei ist jedoch zu beachten, dass diese meist nie Ihre individuelle Situation kennen, oder ob die Daten, die Sie eingeben auch korrekt sind, weshalb diese Generatoren nie so große Rechtssicherheit bieten wie die individuelle Beratung durch einen Experten.

Zum Beispiel können Sie folgende kostenlose Generatoren verwenden:
- Datenschutzgenerator der DGD
- eRecht24 Datenschutzgenerator
- Datenschutzgenerator von Dr. Schwenke

4.2 Was sind personenbezogene Daten?

Personenbezogene Daten werden in Art 4 Z 1 DSGVO definiert als „Informationen, die sich auf eine identifizierte oder identifizierbare natürliche Person beziehen".

Also sind personenbezogene Daten solche, die Rückschlüsse auf eine konkrete Person zulassen, wie zum Beispiel:

- Name und Adresse
- E-Mail-Adresse
- Telefonnummer
- Kreditkarten- und Bankinformationen
- Mitarbeiternummer
- Kundennummer
- Foto
- Personenbeschreibung
- Autokennzeichen

Zusätzlich gibt es noch sogenannte „sensible personenbezogenen Daten", welche hauptsächlich die medizinischen Informationen einer Person sind.

5. Verarbeitungsverzeichnis

5.1 Was ist ein Verarbeitungsverzeichnis?

Eine Auflistung der Verarbeitungen wird immer wieder heftig diskutiert. Viele fragen sich was das ist und wofür sie sowas brauchen. Aber keine Sorge, es ist eigentlich sogar ganz nützlich. Das Verarbeitungsverzeichnis ist eine Übersicht über alle Datenverarbeitungen und Prozesse, die mit personenbezogenen Daten in Berührung kommen und diese verarbeiten. Es ist also egal wer mit diesen Daten in Berührung kommt, ob ein Kollege oder ein Mitarbeiter, ein Verarbeitungsverzeichnis ist notwendig, um diese Prozesse und Anwendungen festzuhalten.

Zu beachten ist, dass es hierbei nicht nur um Kundendaten geht, sondern zum Beispiel auch um die Daten von Usern und Mitarbeitern. So müssen zum Beispiel Gehaltsabrechnungen und die Personalverwaltung genauso wie Ausgangsrechnungen, E-Mail-Listen für Newsletter etc. klassifiziert und in das Verzeichnis eingetragen werden.

5.2 Wer braucht ein Verarbeitungs-verzeichnis?

Kurz gesagt: Jeder! Artikel 30 DSGVO erklärt zwar, dass dies erst ab einer Unternehmens-größe von 250 oder mehr Mitarbeitern erforderlich ist, beschränkt diese Aussage jedoch auf nur gelegentliche Verarbeitungen. Wenn Sie also zum Beispiel die E-Mail-Adressen Ihrer User speichern, um Newsletter auszusenden ist dies bereits keine nur mehr gelegentliche Verarbeitung. Genauso werden Kunden- und Mitarbeiterdaten nicht nur gelegentlich, sondern regelmäßig verarbeitet. Welche Ausnahmen konkret der Art. 30 DSGVO demnach anspricht ist auch in Fachkreisen umstritten.

5.3 Was gehört in ein Verarbeitungsverzeichnis?

In Artikel 30 DSGVO wird aufgelistet, was alles in ein Verarbeitungsverzeichnis gehört. Folgende Informationen müssen demnach zwingend enthalten sein:
- Name des Datenschutzbeauftragten (sofern erforderlich)
- Name und Kontaktdaten des Prozessverantwortlichen
- der Grund/Zweck der Datenverarbeitung
- Wen betrifft es? („Zielgruppe")

- Welche Daten werden von den Betroffenen erhoben?
- Wer hat Zugriff auf diese Daten (intern, extern, außerhalb der EU)
- Wie werden die Daten in Drittländer (außerhalb der EU) transferiert?
- Ist dieser Transfer rechtlich abgesichert?
- Wann bzw. zu welchem Zeitpunkt werden diese Daten gelöscht? (sofern zutreffend)
- Allgemeine technische Beschreibung der Datensicherheit (sofern möglich) (= TOM → technische und organisatorische Maßnahmen)

Wenn Sie sich dennoch unsicher sind können Sie einen externen Experten beauftragen das Verzeichnis für Sie zu erstellen oder Sie suchen im Internet nach Beispielen zur Orientierung.

5.4 Wie sieht ein Verarbeitungsverzeichnis aus?

Es gibt verschiedene Möglichkeiten ein Verarbeitungsverzeichnis zu erstellen. Entweder Sie gehen zu einem Datenschutzexperten, holen sich spezielle Software, die dies für Sie übernimmt und es automatisiert erstellt, oder aber Sie machen es ganz einfach mit Excel. Der Aufwand ist und bleibt derselbe: die Daten eintragen. Dies müssen Sie so oder so selbst machen bzw. machen lassen. Sie müssen jeden

Prozess einzeln aufnehmen und ihn entsprechend eintragen. In der Praxis wird jeder einzelne Prozess nach folgendem Schema bewertet und eingetragen:

- Name des Datenschutzbeauftragten (falls erforderlich)
- Name des Prozesses
- Als ein Verarbeiter (ja/nein)
- Datum der Einführung
- Name der verantwortlichen Person
- E-Mail-Adresse des Verantwortlichen
- Telefonnummer des Verantwortlichen
- Beschreibung & Zweck des Prozesses
- Betroffene Personengruppe
- Betroffene Daten
- Empfänger der Daten
- Empfänger der Daten in Drittländern
- Beschreibung des Datentransfers und wie dieser geschützt ist
- Löschdatum/-zeitraum
- Beschreibung der IT-Sicherheit (TOM)
- Beschreibung der physischen Sicherheit der Daten (TOM)

6. Informationspflicht

Vieles aus der DSGVO lässt sich bereits in der DSG2000 finden und ist von daher nicht neu. Neu hinzugekommen ist jedoch unter anderem die Informationspflicht. Mit dieser müssen Sie den Betroffenen bevor (!) die Daten verarbeitet werden darüber informieren was Sie mit den Daten machen, solange Sie die Daten direkt von ihm erhalten. Wenn Sie die Daten nicht direkt von der betroffenen Person erhalten haben, sondern über andere Wege, dann müssen Sie die Person innerhalb von 4 Wochen darüber informieren.

Auf Websites wird der Informationspflicht üblicherweise durch die Datenschutzerklärung nachgekommen. Wenn Sie die Daten Ihrer User außerhalb Ihrer Website sammeln und verarbeiten, dann müssen Sie ihn darüber informieren.

7. DSGVO in Unternehmen

Bei größeren Unternehmen ist im Gegensatz zu einer einzelnen Website eine einmalige Analyse und Implementierung nicht ausreichend, sondern es gehören die Maßnahmen laufend überwacht.

Es gehört also geprüft was alles zu tun ist. Da Hierarchien, Prozesse und so weiter meist historisch gewachsen sind ist es wichtig zu prüfen, was durch die DSGVO geändert gehört und was man ändern kann. Es werden in der Regel auch immer wieder neue Systeme und Prozesse eingeführt werden.

Hier ist die Analyse und Dokumentation der Schlüssel zu einer effizienten Umsetzung der DSGVO. Jeder der bereits alles Bestehende gut dokumentiert und strukturiert abgebildet hat tut sich entsprechend viel leichter bei der Analyse von neuen/geänderten Prozessen und dergleichen.

8. Strafen bei Verstößen

Verstöße gegen Datenschutzgesetze wurden und werden schon immer bestraft. Jedoch waren es früher vergleichbar „geringe" Verwaltungsstrafen. Mit der DSGVO sind nun weitaus höhere Strafzahlungen zu erwarten. Die Strafe kann bis zu 20 Millionen Euro oder 4% des weltweiten Jahresumsatzes betragen, je nachdem was höher (!) ist.

Die genaue Höhe der Strafe hängt dabei von der Schwere des DSGVO-Verstoßes ab. Die zuständigen Behörden sind dafür verantwortlich die Strafen und auch deren Höhe individuell zu bewerten und festzusetzen. Obwohl diese einerseits dem Verstoß und der Unternehmensgröße angemessen sein sollen, sollen sie auch hoch genug festgelegt werden, um abschreckend zu wirken.

Bewusste Rechtswidrigkeiten werden demnach vermutlich härter bestraft als kleine Verstöße. Es wird demnach analysiert werden wie ernst der Rechtsverstoß war, ob er vorsätzlich oder fahrlässig begangen wurde, welche Daten von dem Verstoß betroffen sind und wie viele Personen dadurch betroffen sind. Hier sind also schon teilweise harte und hohe Strafen gut denkbar.

Besonders mit den aktuell noch nicht klar definierten und strittigen Themen rund um die DSGVO, welche nicht nur rechtliche, sondern auch wirtschaftliche Auswirkungen haben, ist abzuwarten was wie hart bestraft werden wird und ob es überhaupt ein Verstoß ist. Hier gilt es mehr Entscheidungen der Gerichte abzuwarten, um sich ein besseres Bild davon machen zu können.

Für genauere Informationen rund um das Thema Strafzahlungen können Sie direkt im Art. 83 der DSGVO nachlesen.

9. Neuerungen durch die DSGVO

Wie bereits erwähnt ist vieles was in der DSGVO geregelt ist bereits früher durch die DSG2000 rechtlich gefordert gewesen. Nichtsdestotrotz bietet die DSGVO auch einige Neuheiten und Abänderungen dazu, hier ein kurzer Überblick dazu:

1. Die Höhe der Strafen hat sich drastisch verändert.
2. Die Informationspflicht ist hinzugekommen. Es ist nun notwendig dem User sehr genau zu erklären welche Daten gesammelt und wie sie verarbeitet werden. Zusätzlich muss der User nun vor der Verarbeitung dieser zustimmen, oder die Möglichkeit haben dies abzulehnen.
3. Anfragen zum Thema Datenschutz und -verwendung müssen nun innerhalb eines Monats beantwortet werden. Diese Frist kann nur dann verlängert werden, wenn nachvollziehbar dargestellt werden kann, dass besondere Umstände vorliegen, wie zum Beispiel extrem viele Datenschutzanfragen.
4. Gemäß Art. 15 DSGVO, in welcher u.a. die Informationspflicht geregelt ist, muss der Betroffene auch über die Speicherdauer der Daten, sowie die Datenherkunft (wenn nicht beim Betroffenen selbst erhoben) informiert werden.

5. Neu ist auch die Datenportabilität nach Art. 20 DSGVO. Das bedeutet, der Betroffene hat das Recht seine Daten von einem zuständigen Institut in ein anderes transferieren zu lassen. Wenn er zum Beispiel sein Profil auf einer Plattform exportieren und in eine andere, ähnliche Plattform importieren möchte, so muss er dies mit möglichst wenigen Klicks erledigen können. Hierfür wird in den meisten Fällen eine API notwendig sein.

6. Die DSGVO ist nun innerhalb der Europäischen Union der Standard im Datenschutz.

10. Kopplungsverbot

Jeder, der kostenlose Geschenke im Tausch gegen die E-Mail-Adresse / Newsletteranmeldung verteilt hat wird nun schwer schlucken. Denn solche Kopplungen sind mittlerweile stark eingeschränkt bzw. überhaupt verboten gem. Art. 4 DSGVO.

Ein weiteres Beispiel für solch eine Kopplung ist die verpflichtende oder auch die voraktivierte Newsletterbestellung bei einer Bestellung in einem Onlineshop. Dem User kann zwar die Option geboten werden, aber er muss selbst aktiv auf das Häkchen zur Newsletterbestellung klicken und dies ohne Einfluss auf den Bestellvorgang.

Die DSGVO formuliert das Kopplungsverbot wie folgt:
„Bei der Beurteilung, ob die Einwilligung freiwillig erteilt wurde, muss dem Umstand in größtmöglichem Umfang Rechnung getragen werden, ob unter anderem die Erfüllung eines Vertrags, einschließlich der Erbringung einer Dienstleistung, von der Einwilligung zu einer Verarbeitung von personenbezogenen Daten abhängig ist, die für die Erfüllung des Vertrags nicht erforderlich sind."

1. Auf den ersten Blick wirkt es kompliziert geschrieben und schwer zu verstehen. Es

besagt, dass Onlineglücksspiel oder der Download von kostenlosen Inhalten, E-Books, Vorlagen oder ähnliches nicht länger an eine Newsletteranmeldung gekoppelt sein darf, ein sogenanntes „Service gegen Daten".

2. Hier geht es um die Zustimmung für Marketingzwecke und so eine Kopplung ist nicht erlaubt! Wie können Sie das lösen?

3. Entkoppeln: Der kostenlose Inhalt muss auch ohne Newslettereintragung zur Verfügung gestellt werden. Sie können danach den User immer noch dazu einladen sich in den Newsletter einzutragen.

4. Integration: Sie können die Datenverarbeitung für Werbezwecke zum Bestandteil des Vertrages machen, wodurch es grundsätzlich der DGSVO entsprechen würde. Allerdings muss der User ausdrücklich darüber informiert werden, dass er eine Gegenleistung in Form seiner Zustimmung für die Datenverarbeitung zu Werbezwecken erbringt und auch, dass er diese Zustimmung jederzeit widerrufen kann.

5. Alternativen anbieten: Sie können zwei Optionen anbieten: „Vorlage/E-Book gegen Bezahlung" oder „Vorlag/E-Book gegen Daten".

Nun hat der User die Wahl und kann selbst entscheiden wie er fortfahren möchte.

Dies sind ein paar rechtskonforme Lösungen und Möglichkeiten. Natürlich ist jede davon ein Conversionkiller. Nichtsdestotrotz kann man das klassische E-Mail-Marketing auch DSGVO-konform gestalten und sollte es auch machen. Wobei einige Alternativen mangels Judikaturen noch immer umstritten sind.

Schlussendlich will die DSGVO dem User und seinen personenbezogenen Daten besseren Schutz bieten. Sie sollten es also als Chance und Mehrwert für Ihre User sehen, anstatt zu beginnen es als lästig zu empfinden.

11. Schriftliche Zustimmung (Vorlage)

Bei der Zustimmung des Users zur Datensammlung müssen Sie nachweisen können, dass Sie diese Zustimmung freiwillig von Ihren Usern oder Mitarbeitern erhalten haben. Hier gibt es keine Formerfordernis, Sie können diese also grundsätzlich auch mündlich einholen.

Um jedoch den Nachweis einer freiwilligen Zustimmung zu ermöglichen ist es zu empfehlen und auch leichter umzusetzen diese in schriftlicher Form einzuholen. Wir haben Ihnen hier ein einfaches, beispielhaftes Muster für eine schriftliche Zustimmungserklärung zusammengestellt:

Die personenbezogenen Daten, wie im Vertrag genau angeführt, unter anderem Name, Adresse, Telefonnummer, Bankverbindung, welche notwendig sind für die zielgerichtete Erfüllung der vertraglichen Beziehung, werden unter Berücksichtigung der gesetzlichen Vorgaben und Bestimmungen erhoben.

Jede weitere Nutzung der personenbezogenen Daten, sowie die Speicherung von zusätzlichen Informationen bedarf der ausdrücklichen Zustimmung der betroffenen Person. Sie können im Folgenden freiwillig und unverbindlich Ihre Zustimmung hierzu erklären:

Zustimmung zur Datenverarbeitung für weitere Zwecke

Wenn Sie mit den folgenden Passagen einverstanden sind, kreuzen Sie diese bitte an. Wenn Sie Ihre Zustimmung zu einer Passage nicht erteilen möchten, lassen Sie das Feld bitte einfach leer.

o Ich stimme zu, dass _____ (Vertragspartner) mir Informationen und Angebot über andere _____ (zB Finanzprodukte) zu Werbezwecken zusendet.

o Ich stimme zu, dass _____ (Vertragspartner) mich wegen Informationen und Angebote über andere _____ (zB Finanzprodukte) und zu Werbezwecken wie folgt kontaktieren darf: E-Mail / Telefon / Fax / SMS * (* was nicht zutrifft bitte streichen)

Ort, Datum: _____

Unterschrift: _____

Betroffenenrechte: Information, Korrektur, Löschung und Widerruf

Gemäß den Bestimmungen der DSGVO sind Sie dazu berechtigt jederzeit von _____

(Vertragspartner) umfassende Auskunft über die gespeicherten personenbezogenen Daten von Ihnen zu verlangen.

Gemäß den Bestimmungen der DSGVO können Sie _____ (Vertragspartner) jederzeit dazu auffordern, die von Ihnen gespeicherten Daten zu korrigieren oder gänzlich zu löschen.

Zusätzlich können Sie jederzeit ohne Angabe von Gründen Ihre erteilte Zustimmung anpassen oder widerrufen, was sich auf die zukünftige Übermittlung auswirkt. Sie können den Widerruf entweder per Post, E-Mail, oder Fax dem Vertragspartner übermitteln. Es fallen hierfür keine zusätzlichen Kosten, außer etwaigen Porto- und Versandkosten, an.

12. Tracking Tools

Wenn Sie eine Website aufbauen und mit dieser Geld verdienen wollen müssen Sie über das Nutzerverhalten Ihrer User auf Ihrer Website Bescheid wissen. Sie sollten wissen, wie viele Besucher Sie pro Tag/Woche/Monat haben, welche Tage oder Uhrzeiten am stärksten frequentiert sind, welches Gerät und welcher Browser benutzt werden und aus welchen Ländern die User kommen.

Zusätzlich wäre es auch nett zu wissen wie lange die User eine Seite ansehen, wie lange sie generell auf Ihrer Website verweilen, was sie sich ansehen, wenn sie die Website verlassen und so weiter. Außerdem möchten Sie auch wissen wie Sie sich statistisch gesehen verändert haben, also wie sich der Traffic entwickelt hat oder welche Unterseiten am häufigsten besucht wurden. Was sind die relevanten Suchbegriffe, wie kommen die User auf die Subpages und wie kommen die User auf Ihre Website, also über Google, einen Link auf Ihrer Social Media Site oder ähnliches.

All diese Fragen sind wichtig, um Ihr Potential zu erkennen, die Website weiter zu optimieren, Ihre Conversion Rate zu verbessern und Ihren Ertrag zu steigern.

Hier gibt es einige Tools wie zB Matomo, etracker usw., aber das wohl am meisten verwendete ist Google Analytics, weshalb wir uns dieses stellvertretend für die Tracking Tools näher anschauen werden.

12.1 Google Analytics

Googles Tracking Tool heißt Google Analytics und ist kostenlos. Es ist ein sehr umfangreiches Tool, da die Datenkrake Google eine Menge Informationen über verschiedene Websites sammelt. Und warum sollten Sie diesen Service auch nicht nutzen, wo er sogar kostenlos ist? Kostenlos, da nicht mit Geld bezahlt wird, aber Sie senden Informationen über Ihre Website, Users und deren Verhalten zu Google, das ist der Preis.

Natürlich kann Google auch ohne Ihre Hilfe Informationen zu Ihrer Website sammeln, aber detaillierte Informationen, wie zum Beispiel das Userverhalten, kann Google nicht oder nur sehr schwer bekommen ohne Ihre Unterstützung. Was das genau bedeutet, behandeln wir weiter unten noch.

Um Google Analytics zu nutzen benötigen Sie zunächst einen Google-Account und müssen sich bei Google Analytics anmelden. Sie können auch die Google Search Console verwenden, welche Ihnen bereits interessante Informationen liefert und das ebenfalls kostenlos. Es ist auch die erste Anlaufstelle, wenn Sie Ihre Website so schnell wie möglich bei Google indexiert haben möchten, da Google dann sogenannte Crawler zu Ihrer Website schickt, um sie zu indexieren. Sie können Google Analytics auch mit anderen Services von Google verknüpfen.

Nachdem Sie Ihren Google Analytics Account erstellt haben können Sie verschiedene Einstellungen vornehmen. Sie können definieren wie der Name der Trackingkampagne lautet, ob Sie wiederkehrende User mittracken möchten oder nicht und ob Remarketing eingesetzt werden soll.

Jedoch funktioniert all das nur wenn der User eingeloggt ist und dem Tracking zugestimmt hat, also zB im Browser die „Do Not Track"-Funktion deaktiviert hat. Die User-ID kann dazu genutzt werden die Daten des Users mit deren Verhalten und Interaktion auf Ihrer Website in Verbindung zu bringen. Hierfür müssen Sie eine User-ID erstellen und definieren, wodurch sich auch Ihr Trackingcode ändert. Hierbei müssen Sie jedoch ganz sensibel vorgehen und gut darauf achten nicht gegen die DSGVO zu verstoßen!

Sie können Google Analytics mit Google Ad-Words oder AdSense verknüpfen, um die gesammelten Daten effizienter einzusetzen. Zum Beispiel können Sie, wenn Sie Analytics und AdWords verknüpfen, die in Analytics gesammelten Userdaten leicht in Zielgruppen umlegen und diese dann in einer AdWordskampagne nutzen. Zusätzlich können Sie dies auch für Remarketing verwenden.

Die Werte aus Analytics, wie Absprungrate und durchschnittliche Sessiondauer, können Sie ebenfalls aus Analytics ziehen und in AdWords verwenden und so mit wenigen Klicks Ihre Ziele bei diesen Kennzahlen festlegen. Dies hilft Ihnen dabei bessere AdWordswerbungen zu erstellen und nicht laufend zwischen den beiden Tools wechseln zu müssen.

Für all das müssen Sie einen passenden Trackingcode (JavaScript) in Ihre Website implementieren. Sie können dies entweder händisch direkt im Code oder aber durch ein passendes Plugin vornehmen. Der Code muss üblicherweise in den Header integriert werden, also quasi die Kopfzeile Ihrer Website. Sobald Sie den Code integriert haben kann Google mit der Sammlung und Verarbeitung der verschiedenen Informationen beginnen.

Von nun an stehen Ihnen diese Informationen wie die Quellenseite des Users, welchen Browser und Auflösung er verwendet, wie er auf die Website kam (organische Suche, Ads, Social

Media, Weiterleitung einer anderen Website), ob er mit Tablet, Smartphone oder Computer zugreift, oder auch das Betriebssystem des Users zur Verfügung.

Sie sehen welche Subpages Ihrer Website der User aufgerufen hat, wie sie sich verhalten haben, wie lange sie auf Ihrer Seite blieben, welche Artikel sie auf Ihrer Seite angeklickt haben und wo sie waren als sie die Website wieder verlassen haben. Sie können dadurch Ziele definieren und herausfinden ob der User konvertiert ist und wie Ihre Konvertierungsrate ist.

Wie Sie sehen ist Google Analytics ein wirklich starkes und kostenloses Tool, das Ihnen viel Unterstützung bietet. Allerdings möchte es im Gegenzug die Daten Ihrer User haben. Im Endeffekt scheint es eine Win-Win-Situation zu sein. Sie können das Tool verwenden und dadurch das Erlebnis für den User verbessern und Google kann Ihre Website besser ranken durch die Daten.

12.2 Google Analytics' Datenschutzerklärung

Die Verwendung von Google Analytics ist rechtlich problemlos, sofern Sie die Anforderungen an den Datenschutz bzw. die DSGVO einhalten. Sie müssen sicherstellen, dass die

IP-Adresse nicht in Klartext vorliegt, oder zumindest nicht zur Gänze, also anonymisiert ist. Hierfür reicht es schon, wenn sie nicht vollständig sichtbar ist, sondern zum Beispiel bloß die ersten zwei oder drei Zahlen. Außerdem müssen Sie einen ADVV mit Google abschließen.

Drucken Sie hierfür den Vertrag aus, unterzeichnen Sie ihn und senden Sie diesen per Post an Google. Natürlich sollten Sie auch, wie bei allen anderen Trackingtools, oder die Implementierung von Social Media Buttons, in Ihrer Datenschutzerklärung vermerken, dass Sie Google Analytics für Tracking verwenden.

Stellen Sie sicher, dass Sie die Vorschriften der DSGVO einhalten, da ansonsten empfindliche Strafen von 4% des Umsatzes oder bis zu 20 Millionen Euro auf Sie zukommen, wie wir oben bereits erläutert haben. Eine derartige Strafe würde das aus bedeuten für ein Kleinunternehmen oder einen Onlinemarketer. So oder so muss die Verwendung von Google Analytics unbedingt in Ihrer Datenschutzerklärung eingebaut sein.

Sie können auch das Remarketing von Analytics aktivieren, sodass User, die auf Ihrer Website waren auch nachträglich noch getracked werden. Denn die Chance ist sehr hoch, dass hierdurch ein User auch im Nachhinein noch zu Ihrem Kunden konvertiert. Auch hier gilt wieder, auch wenn es ein Bestandteil von Analytics ist, so muss er doch dezidiert in der Datenschutzerklärung Erwähnung finden sofern Sie diese Funktion verwenden.

13. Social Plugins & Tools

Wenn Sie mit Social Media Plugins arbeiten müssen Sie ebenfalls sicherstellen, dass diese den Datenschutzbestimmungen entsprechen und keine Daten an die Plattform senden ehe der User die Möglichkeit hatte dem zuzustimmen oder es abzulehnen. Die einfachste Möglichkeit ist in der Checkliste oben beschrieben, oder Sie verwenden einfach Links mit entsprechenden Icons anstatt der Buttons.

Dies wäre dann ebenfalls DSGVO-konform, da keine Daten an Facebook & co gesendet werden und der User freiwillig und proaktiv auf den entsprechenden „Button", also den Link, klicken muss. Sie müssen so oder so die entsprechende Methode auch verpflichtend in Ihre Datenschutzerklärung mitaufnehmen.

Dasselbe gilt für jedes andere Tool, das Sie verwenden. Wenn Sie solche Tools verwenden, wie zum Beispiel ein YouTube oder Vimeo Plugin, dann müssen Sie diese Information entsprechend vollständig und transparent in Ihrer Datenschutzerklärung darlegen. Und natürlich müssen Sie auch hier sicherstellen, dass keine Daten an die Plattform übermittelt werden ehe der User die Möglichkeit hatte zuzustimmen oder es abzulehnen. Vergessen Sie auch nicht vorab zu prüfen, ob die Tools überhaupt DSGVO-konform sind (vgl. Checkliste). Denn so etwas kann schnell zu Problemen führen. Lesen Sie hier also entweder die Beschreibung des Entwicklers oder fragen Sie den Entwickler oder Hersteller und lassen Sie sich schriftlich bestätigen, dass die Tools oder Plugins DSGVO-konform sind.

Bieten Sie einen Newsletter auf Ihrer Website an? Sehr gut, E-Mail-Marketing ist extrem hilfreich für Ihr Business. Nichtsdestotrotz müssen Sie Ihre User bei der Anmeldung darüber informieren, dass Sie hier einen Newsletter anbieten. Sie müssen aufzeigen welche Daten Sie sammeln und wie diese verwendet werden. Zusätzlich müssen Sie mit dem richtigen Tool oder einem Link auf Ihre Datenschutzerklärung verweisen, sodass interessierte Besucher mehr darüber lesen können.

Sollten Sie Google AdSense oder AdWords verwenden, vielleicht sogar mit aktiver Remarketing-Funktion, müssen Sie dies ebenfalls in Ihre Datenschutzerklärung mitaufnehmen und einen entsprechenden Link zur Datenschutzerklärung des Providers, in diesem Fall Google, setzen. Bei Google und anderen Unternehmen, welche außerhalb der EU tätig sind, müssen Sie regelmäßig prüfen ob sich diese auch an die DSGVO halten und diese auch umsetzen.

Falls sie das nicht tun, könnte das nämlich ein Problem für Sie als Websitebetreiber werden. Darum prüfen Sie immer sorgfältig, wer der Anbieter, wo das Unternehmen ihren Sitz hat und ob es DSGVO-freundlichere Alternativen gibt. Prüfen Sie auch regelmäßig nachdem der Provider Änderungen, wie zum Beispiel einen neuen Algorithmus, durchgeführt hat ob es immer noch DSGVO-konform ist. AdSense und AdWords sind nach wie vor sehr umstrittene Themen unter Datenschutzexperten, wobei ich persönlich davon überzeugt bin, dass hier Google noch eine Lösung für die transparente DSGVO-Konformität finden wird, mit der auch die Kritiker zufrieden sein werden.

Unabhängig davon ist Google jedoch sehr bekannt dafür eine Datenkrake zu sein, der die Datenschützer ein Dorn im Auge zu sein. Deshalb ist es umso wichtiger, dass jeder Websitebetreiber dafür Sorge trägt die Daten seiner User bestmöglich zu schützen.

Ein weiteres Thema ist die „Kommentarfunktion" auf Ihrer Website, meist unter Blogartikeln. Sie sollten auch hier nach Möglichkeit nicht die IP-Adresse speichern. Sollten Sie es dennoch tun, muss es hierfür ein sogenanntes „berechtigtes Interesse" geben. Beispiele hierfür wären „Nachprüfung von Beiträgen wegen beleidigenden, obszönen, gewaltverherrlichenden Kommentaren o.ä.". Die Speicherung sowie den Zweck dafür, also das berechtigte Interesse, müssen Sie ebenfalls wieder in Ihrer Datenschutzerklärung aufzeigen.

Neben Sie an einem Affiliateprogramm, wie zum Beispiel das von Amazon teil? Wunderbar, es ist meist ein einfacher Weg ein paar Euro zusätzlich mit Ihrer Website zu verdienen – wenn Sie es intensiv betreiben sogar noch mehr. Aber natürlich muss auch das wieder in die Datenschutzerklärung geschrieben werden inkl. Referenzlink zu Amazons Datenschutzerklärung. Weitere Informationen zu diesem Thema können Sie direkt auf der Amazon Privacy Site finden.

Sollten Sie an einem anderen Affiliateprogramm teilnehmen, so ist es aktuell der Fall, dass Sie keinen Referenzlink in Ihrer Datenschutzerklärung benötigen, die Links jedoch transparent als Affiliatelinks kennzeichnen müssen. Affiliate selbst arbeitet üblicherweise nur mit Banner und Links und sammelt und verarbeitet im Regelfall keine personenbezogenen Daten, zumindest aus der Sicht des Websitebetreibers. Solange die Banner sogenannte Bildbanner sind und nicht mit einem Skript im Hintergrund versehen sind sollte dies auch der Fall sein, dies gehört jedenfalls von Ihnen als Betreiber geprüft.

Die Daten werden erst gesammelt und verarbeitet sobald der Besucher auf den entsprechenden Link klickt und damit auf die Seite des Providers kommt. In der Regel ist nun also so, dass der Provider die Pflichten der DSGVO nun hat und nicht mehr der Networkpartner. Natürlich ist dies nur ein Grundsatz, es kommt immer darauf an welche Werbemittel (Skripte, Retargeting, etc.) verwendet wurden. Bei einigen Java-Script-Codes ist es so, dass Daten schon gesammelt werden sobald die Werbung in der Website implementiert ist und ausgestrahlt/eingeblendet wird.

Es ist also in solchen Fällen unbedingt zu empfehlen auf Java-Script-Codes zu verzichten. Ein weiteres Argument dafür auf sie zu verzichten ist außerdem, dass sie Ihre Website stark verlangsamen und wenn beim User Java Script deaktiviert ist auch zu Darstellungsproblemen führen kann. Nehmen Sie also mit Ihrem Affiliatepartner oder Ihrem Partnernetzwerk Kontakt auf und lassen Sie sich bestätigen welche Informationen gesammelt und wie diese verarbeitet werden.

Sollten Sie Formulare auf Ihrer Website benutzen werden die Besucher dort höchstwahrscheinlich Daten wie Name und E-Mail-Adresse eingeben können. Das sind personenbezogene Daten und müssen entsprechend geschützt werden. Sie müssen also sicherstellen, dass Sie auf Ihrer Website ein gültiges SSL-Zertifikat aktiviert haben. Sollten Sie keine SSL-Verschlüsselung auf Ihrer Website haben dürfen Sie gemäß DSGVO auch keine Formulare verwenden!

Wenn Sie Formulare oder Kommentare auf Ihrer Website anbieten und WordPress benutzen ist das Plugin „GDPR Compliance" zu empfehlen. Dieses erlaubt Ihnen ein Kontrollkästchen nach jedem Formular- oder Kommentarfeld zu platzieren, welches die Besucher bestätigen müssen bevor sie einen Eintrag machen können.

Sollten Sie auch Finanzdaten, wie Bankverbindung o.ä., sammeln, zum Beispiel weil Besucher Produkte oder Dienstleistungen auf Ihrer Website kaufen können, dann gibt es noch mehr zu beachten. Die SSL-Verschlüsselung muss vorhanden sein, aber Sie müssen auch Sorge dafür tragen, dass die Hardware, auf der die Daten gespeichert und verarbeitet werden ebenfalls geschützt ist.

Sie müssen das also prüfen und dokumentieren, sowie in Ihr Verarbeitungsverzeichnis unter den Punkt „Technische und Organisatorische Maßnahmen" mitaufnehmen. Sie sind dann nicht nur der Datenverwalter, sondern auch Datenverarbeiter, da Sie diese Daten für einen gewissen Zweck (Bestellvorgang usw.)

benötigen. Informationen über die Datennutzung und -verarbeitung sowie über den generell Zahlungsprozess und -transfer müssen Sie ebenfalls detailliert in Ihre Datenschutzerklärung einbauen.

Nutzen Sie weitere Plugins, die vielleicht mit Social Media integriert sind und den Datentransfer nicht transparent aufzeigen? Das kann zum Beispiel eine Chatfunktion sein, die über Facebook läuft. Hier ist es wichtig sich nach Alternativen umzusehen, die man besser implementieren kann, da Facebook eine Unmenge an Daten sammelt und seitens der Datenschützer stark gegen Facebook gewettert wird, selbst in den USA! Vermeiden Sie solche Interfaces nach Möglichkeit und suchen Sie nach DSGVO-konformen Alternativen.

Grundsätzlich gilt wie Sie bereits wissen, dass der User immer wissen muss welche Daten von ihm gespeichert werden, was mit diesen Daten geschieht und am wichtigsten: er muss die Möglichkeit haben dem ganzen zu widersprechen, er darf seine Daten jederzeit ansehen und diese ändern oder löschen lassen. Ausnahme ist natürlich, wenn gesetzliche Regelungen dagegensprechen (zB Aufbewahrungsfrist von Lohnabrechnungen u.ä.).

13.1 YouTube

Haben Sie ein Video in Ihre Website eingebaut? Wenn nein, dann können Sie dieses Kapitel überspringen oder es einfach nur aus Interesse weiterlesen. Sollten Sie YouTubevideos
eingebaut haben müssen Sie auf etliches Acht
geben. Zunächst ist die Frage wie Sie das Video eingebaut haben. Es gibt die Möglichkeit
den sogenannten „Advanced Privacy Mode" zu
aktivieren. Hierfür gehen Sie auf YouTube,
das Video, welches Sie teilen möchten, klicken
auf „Teilen" und auf „embed" und scrollen bis
ganz runter. Dort gibt es eine Option die sich
„Enable privacy-enhanced mode" nennt. Wenn
Sie dieses Kästchen aktivieren wird YouTube
keine Informationen über Ihre Besucher speichern, außer sie starten das Video.

Mit dieser Funktion können Sie grundsätzlich
DSGVO-konform Videos implementieren. Was
ist jetzt jedoch mit den ganzen Videos, die Sie
bereits implementiert haben? Diese alle einzeln durchzugehen und mit dem neuen Link
auszutauschen wäre viel zu kompliziert. Es
gibt ein paar Möglichkeiten:
- Sie machen es manuell
- Sie nutzen ein Plugin
- Sie nehmen den alten Link und tauschen
  ihn mit einem neuen, der mit „youtube-
  nocookie.com" beginnt.

Die erste Option ist simpel, aber auch sehr zeitaufwendig. Die zweite Möglichkeit kann mit mehreren Plugins, wie zum Beispiel dem „YouTube Lyte", durchgeführt werden. Dieses Plugin hat nicht nur den Vorteil, dass all Ihre Videos DSGVO-konform sind, sondern es erhöht auch die Ladegeschwindigkeit, da es von demselben Entwickler wie das Plug-In Autoptimize kommt.

Das Plug-In lädt das Vorschaubild vom YouTube-Server runter. Das Video selbst lädt erst, wenn der User auf den Playbutton klickt. Das gibt Ihnen eine gesetzeskonforme 2-Klick-Lösung. Wenn Sie dieses Plug-In verwenden erkennt dieses die eingebetteten Videos (selbst wenn es nur ein Link zum Video ist) automatisch und tauscht diese gegen eine konforme Lösung aus.

Wenn Sie möchten können Sie sogar festlegen, dass das Vorschaubild auf Ihrem Server zwischengespeichert wird. Dies bringt weitere Vorteile, da sich die Ladezeit der Website weiter verkürzt und keine Verbindung zu YouTube hergestellt werden muss.

Die einzige Herausforderung hierbei ist, dass Sie einen API-Key benötigen. Diesen sollten Sie sich einfach über Google besorgen.

Ein weiteres Plug-In wäre „Embed videos and respect privacy". Dieses Plug-In ist ähnlich wie das vorherige, nur mit dem Unterschied, dass es die Vorschaubild von seinem eigenen Server runterlädt und nicht von YouTube.

Dies sind nur beispielhafte Lösungen, denn es gibt immer wieder neue, vielleicht sogar bessere, Plug-Ins auf dem Markt. Hier sollten Sie also recherchieren und die jeweiligen Plug-Ins dann auf DSGVO-Konformität überprüfen.

13.2 WordPress

Wenn Sie WordPress verwenden, sollten Sie stets auf die aktuelle Version upgedated haben. Dies hat den Grund, dass sich WordPress meist recht schnell an neue Gegebenheiten anpasst, so auch bei der Einführung der DSGVO. Mittlerweile haben Sie unter den Einstellungen die Möglichkeit eine ordentliche Datenschutzerklärungsseite zu erstellen. Natürlich können und sollten Sie Ihre eigene verwenden, welche Sie mit allen Tools und so weiter an die DSGVO angepasst haben.

Es gibt mittlerweile jedoch auch die Möglichkeit personenbezogene Daten zu exportieren oder zu löschen. Diese Funktion sollte unter der Kategorie „Tools" zu finden sein, sofern es durch Updates nicht zu einer Layoutänderung von WordPress kommt.

14. E-Mail-Marketing

E-Mail-Marketing ist ein großartiger Weg, um Ihre Produkte oder Dienstleistungen schnell an den Mann zu bringen. Eine große E-Mail-Liste kann immer genutzt werden, ganz egal welches Ranking in den Suchmaschinen Sie haben. Die Mails werden an die vom User eingetragene Mailadresse versandt und dank dieser Validierung landet Ihr Newsletter in der Regel auch nicht im Spamfolder des Empfängers.

Oft wird gesagt „das Geld liegt in der Liste". Aber wie können E-Mail-Listen und E-Mail-Marketing in Zeiten der DSGVO ordentlich eingesetzt werden? Wie Sie bereits aus den Checklisten wissen müssen Sie den User über die Datenspeicherung informieren und dass er regelmäßig Informationen über Angebote erhält, also zu Werbezwecken. Er muss dem ausdrücklich zustimmen.

Natürlich muss auch die Double-Opt-In-Methode verwendet werden für einen gesetzeskonformen Newsletter. Dem User muss hier auch die Möglichkeit gegeben werden sich wieder auszutragen, damit er jederzeit selbst entscheiden kann ob er den Newsletter weiter erhalten möchte oder nicht mehr.

Zusätzlich zum Double-Opt-In-Prozedere müssen Sie auch nachweisen können, dass der User zugestimmt hat. Es ist wichtig aufzeigen zu können wann genau Sie die Zustimmung des Users erhalten haben. Um die Zustimmungserklärung des Users zu erhalten benötigen Sie passende Checkboxen, die der User freiwillig aktivieren kann. Diese dürfen keinesfalls bereits automatisch angekreuzt sein! In der Checkbox sollten Sie den Text gut leserlich darstellen, damit der User weiß was er ankreuzt und wofür er seine Zustimmung erteilt.

Wenn Sie bereits eine E-Mail-Liste haben, oder E-Mail-Adressen sammeln, dann müssen Sie hier nachträglich prüfen ob die gelisteten Mailadressen entsprechend dem obigen Prozedere gesammelt wurden. Wenn dies nicht der Fall sein sollte müssen Sie entweder nachträglich die Zustimmung einholen oder die Person inklusive ihrer Daten aus Ihrer Liste löschen.

14.1 Gratis Downloads zum Leads zu generieren?

Wenn Sie eine E-Mail-Liste kreieren indem Sie dafür gratis Downloads, wie ein E-Book o.ä., senden brauchen Sie sich darüber genaue Gedanken machen. Unabhängig davon ob es erlaubt ist oder nicht ist zu prüfen, ob es eine Überschneidung oder einen Zusammenhang zwischen der Newsletteranmeldung und dem kostenlosen Download gibt. Wenn Sie mit ihren gratis Downloads Ihre E-Mail-Liste vergrößern möchten, sollte es kein Problem darstellen, sofern Sie sich an die DSGVO halten – sehen Sie hierzu die Checklisten oder das Kapitel „Kopplungsverbot". Es ist auch hier wieder wichtig, dass mit entsprechenden Checkboxen gearbeitet wird wie oben erwähnt. Somit sollte der User auch die Möglichkeit haben den Download zu erhalten, ohne sich in die Mailingliste eintragen zu müssen.

14.2 Ist E-Mail-Tracking erlaubt?

Das Tracking der Kennzahlen CTR und CR ist nicht nur auf der Website und bei den Besuchern notwendig, sondern auch im E-Mail-Marketing, um die Zahlen zu kennen und Optimierungen durchzuführen. Dies ist grundsätzlich kein Problem, sofern Sie wieder die bereits öfters besprochenen Punkte einhalten: Der User muss darauf hingewiesen werden, er muss zustimmen und es muss in der Datenschutzerklärung Erwähnung finden.

14.3 E-Mail-Marketing mit externen Tools

Sollten Sie für Ihr E-Mail-Marketing eine Lösung einer Drittpartei verwenden, wie zum

Beispiel Mailchimp, dürfen Sie wieder die gängigen To-Dos nicht vergessen. Zunächst müssen Sie prüfen ob dieser Service oder dieses Tool auch DSGVO-konform ist. Das können Sie meist einfach den Anbieter fragen. Weiters müssen Sie einen ADVV abschließen, da die Drittpartei hier als Datenverarbeiter auftritt. All diese Dinge können Sie im Detail in den Checklisten finden.

15. Mitarbeiterdaten

Die meisten Leute stürzen sich bei der DSGVO sofort in die Sachen, die offensichtlich und nach außen hin sichtbar sind, so wie die Website, ein Portal oder Plattformen. Das sind Sachen, die von anderen Personen aus dem Internet auch aufgerufen werden können und haben deshalb auch eine Außenwirkung Ihres Unternehmens. Natürlich ist das auch für Datenschützer der einfachste Weg, um zu überprüfen ob sich ein Unternehmen an die DSGVO hält oder gegen die eigene Datenschutzerklärung verstößt. Besonders Unternehmen wollen sich natürlich vor Abmahnungen und Klagen schützen, das ist auch völlig legitim.

Nichtsdestotrotz dürfen auch die unternehmensinternen Prozesse nicht vergessen werden, sowie die personenbezogenen Daten der Mitarbeiter. Als Grundregel gilt, dass mitarbeiterbezogene Daten nur dann gespeichert werden dürfen, wenn es dafür eine Notwendigkeit gibt, um den (Dienst-)Vertrag zu erfüllen. Das sind für gewöhnlich einige Informationen wie zum Beispiel:

- Vor- und Nachname
- Geburtsdatum
- Adresse
- Bankverbindung
- Beziehungsstatus

- Steuer- und Sozialversicherungsnummer
- Qualifizierungen (Schulausbildung, Abschlüsse, Zertifizierungen, etc.)
- Notfallkontakt
- Weitere Daten, die absolut notwendig sind um die Arbeit ausführen zu können (zB Führerschein und Führerscheinnummer, Ausweiskopie, etc.)

Teilweise auch Daten wie
- private Telefonnummer,
- private E-Mail-Adresse,
- Name des Kindes,
- Name des (Ehe-)Partners.

Die letzten beiden Punkte sind für viele Arbeitgeber irrelevant und sollten entsprechend nicht erhoben werden. Auch die laufende Überwachung von Angestellten ist grundsätzlich verboten.

Grundsätzlich gilt, dass die Rechtskonformität der Datenverarbeitung in gutem Glauben, transparent, zweckgebunden, genau, vertraulich und verantwortungsvoll von den Mitarbeitern zu berücksichtigen ist. Aber auch der Betriebsrat, oder andere unternehmensnahe Institutionen, die mit mitarbeiterbezogenen Daten arbeiten müssen dies beachten.

Weiters ist es wichtig zu beachten, dass auch Mitarbeiter mit anderen Mitarbeitern und vielleicht auch Kunden, Lieferanten, usw. via E-Mail kommunizieren. Dies gilt als Datenverarbeitung und daher muss auch hier ein Vertrag über die Datenverarbeitung mit den Mitarbeitern geschlossen werden. In der Praxis wird dies oft direkt in den Dienstvertrag mitaufgenommen.

16. Schlusswort

Die „neue" Datenschutz-Grundverordnung ist bei vielen Vorschriften gar nicht mal so neu wie einige Leute glauben. Es gab bereits durch frühere Gesetze ähnliche Vorschriften, nur waren diese nie so medial präsent oder scharf abgestraft worden wie die DSGVO. Und ja, manche Themen sind nach wie vor unklar, besonders bei der Verwendung von gewissen Trackingtools (Google Analytics), sogar wenn es eine DSGVO-konforme Variante gibt, oder ein ADVV geschlossen wurde und die IP-Adressen anonymisiert sind. Diese strittigen Themen werden wohl erst im Lauf der Zeit klar werden, wenn die ersten Urteile des EuGH vorliegen.

Auch die Kommunikation und Datenverarbeitung außerhalb der EU ist noch nicht so klar wie sie vielleicht wirkt. Natürlich müssen die Serviceprovider die DSGVO umsetzen und einhalten, aber viele Anbieter, gerade aus der USA, haben dies nicht getan. Ob der EU-US Privacy Shield ein ausreichendes Mittel ist kann noch nicht abschließend gesagt werden, hier gehen die Meinungen teilweise stark auseinander.

Es ist also sicher, dass man sich noch länger mit der DSGVO beschäftigen und laufend kontrollieren und nachbessern darf, wenn nach und nach die Gerichtsurteile und daraus vielleicht sogar Gesetzesänderungen und Konkretisierungen kommen. Fakt ist jedoch, dass die Datenschutz-Grundverordnung seit spätestens 25. Mai 2018 jeden einzelnen trifft, der in irgendeiner Art und Weise mit personenbezogenen Daten zu tun hat.

Und das gilt nicht nur für die Daten von Websitebesuchern auf einem Blog, einer Landingpage oder einem Onlineshop, es geht viel weiter und betrifft alles was irgendwie mit Datenverarbeitung zu tun hat, inklusive Mitarbeiterdaten. Das ist eigentlich nichts Neues. Üblicherweise hat bereits jedes Unternehmen eine Datenschutzschulung alle 12 bis 24 Monate und einen entsprechenden Passus im Dienstvertrag.

Auch wenn die Maßnahmen der DSGVO teilweise unschön sind und die Strafen gewaltig, so war dieser Schritt doch zumindest teilweise notwendig, wenn man bedenkt was man über die letzten Monate und Jahre hinweg in den Medien hörte. Viel zu viele Datenskandale, viel zu gläserne Menschen. Natürlich sind Datenverarbeitungen und Datenweitergaben notwendig, um gewisse Services leisten zu können, aber die Frage ist, ob es wirklich so exzessiv sein muss.

Wenn Apps auf dem Smartphone geöffnet werden verlangen viele praktisch Zugriff auf ALLES und das kann es nicht sein, besonders bei Apps, bei denen manche Zugriffe stark fragwürdig sind. Hier wird das Thema WhatsApp noch sehr spannend werden. In der Theorie müssen auch hier Maßnahmen ergriffen werden, praktisch findet sie aber bei so ziemlich jedem Unternehmer noch Verwendung.

Dieser Service verlangt nämlich Zugriff auf Ihre Kontakte und übermittelt diese dann weiter an Facebook. Wenn Sie WhatsApp rein privat verwenden ist das möglicherweise in Ordnung. Aber wenn Sie Kollegen oder Geschäftspartner in Ihrer Kontaktliste haben und WhatsApp verwenden ist dies ein klarer Verstoß gegen die DSGVO nach gängiger Meinung der Datenschützer.

Jedoch ist dieses Statement teils fragwürdig, da der Sinn und Zweck der DSGVO ist die Daten aller Personen zu schützen und nicht eine Zwei-Klassen-Gesellschaft aufzuziehen. Warum soll also die Verwendung der App für Privatpersonen in Ordnung sein, aber in der Wirtschaft untersagt? Dies wird wohl eins der Themen sein, welches der EuGH genauer auslegen wird.

Zum Abschluss ist noch zu sagen, halten Sie Ihre Augen offen, nehmen Sie den Datenschutz ernst, treffen Sie Vorkehrungen und, falls nötig, holen Sie sich Experten wie uns die Ihnen helfen können, ansonsten könnte es sehr teuer für Sie werden. Der Erfolg dieses Buch durchgelesen und die beschriebenen Maßnahmen umgesetzt zu haben wird Sie aufgrund Ihrer individuellen Situation bloß zum Teil DSGVO-fit machen.

Erfahrungsgemäß ist gerade bei größeren Unternehmen oder Personen, die ihre Tätigkeit stark online ausüben eine individuelle Beratung notwendig. Denn kein Buchautor, keine Website oder kein Generator kennt Sie, Ihr Unternehmen und Ihre Website. Es wird Standardwissen vermittelt, welches gängig und für so ziemlich alle zutreffend sind. Aber konkret auf Sie zugeschnittene Informationen wird Ihnen nie ein Buch geben können, sondern immer nur ein individuelles Beratungsunternehmen. Nichtsdestotrotz hoffe ich, Sie konnten einen guten Überblick über die DSGVO gewinnen und möglichst viele Tipps und Anleitungen bei Ihrer Website umsetzen.

Bonus

Vielen Dank, dass Sie dieses Buch gekauft und gelesen haben. Wir haben versucht die Informationen möglichst kompakt und einfach für Sie zusammenzufassen und hoffen, dass es Ihnen geholfen hat.

Über ein Review, Feedback oder eine Rezension würden wir uns natürlich sehr freuen. Besuchen Sie uns auch auf unserer Website unter www.vikingconsult.at oder folgen Sie uns auf Facebook facebook.com/vikingconsultaustria

Für alle Leser haben wir als Dankeschön noch ein kleines Geschenk vorbereitet:

> Wir schenken Ihnen kostenlos eine
> 30-minütige Complianceberatung
> zum Thema Datenschutz.

Wir vereinbaren einen Termin auf Skype mit Ihnen, entweder im Chat oder via Telefon, je nachdem was Sie bevorzugen. Sie können uns dann all Ihre offenen Fragen stellen, zu dem Buch als auch zu Ihrer individuellen Situation!

Schreiben Sie uns einfach auf unserer Website oder über Facebook, zeigen Sie uns den Kaufbeleg und nutzen Sie diese einmalige Chance!

Disclaimer

Dieses Buch ersetzt keine professionelle Rechtsberatung. Es ist eine Sammlung von möglichst gut recherchierten und aus der Erfahrung gewonnenen Informationen. Hier wird in keinster Weise eine rechtliche Beratung durchgeführt, da dies nur individuell durch einen spezialisierten Experten erledigt werden kann.